A$_1$	B$_2$	C$_3$	D$_4$	E$_5$
F$_6$	G$_7$	H$_8$	I$_9$	J$_{10}$
K$_{11}$	L$_{12}$	M$_{13}$	N$_{14}$	O$_{15}$
P$_{16}$	Q$_{17}$	R$_{18}$	S$_{19}$	T$_{20}$
U$_{21}$	V$_{22}$	W$_{23}$	X$_{24}$	Y$_{25}$
Z$_{26}$	Ä$_{27}$	Ö$_{28}$	Ü$_{29}$	

26 – 1 – 8 – 12 – 5 – 14 sind einfach toll!

Jule Ambach, 1987 geboren, war zunächst Kinderbuch-Lektorin, bevor sie begann, sich selbst Geschichten auszudenken. Sie liebt Kaffee mit Zimt, laute Musik beim Schreiben und Reisen nach Schweden.

Sandy Thißen kam 1983 als Ruhrpottkind zur Welt. Beim Zeichnen trinkt sie gern literweise Tee, hört Musik und singt dabei sehr schief. Mit ihrer Familie wohnt sie am Stadtrand von Oberhausen.

So sehen die Zahlen von 1 bis 10 als Wörter aus.

1 eins   2 zwei

3 drei   4 vier

5 fünf   6 sechs

7 sieben   8 acht

9 neun   10 zehn

Jule Ambach

DIE MATHE-MATiERCHEN

Ein Fall für die Wildzweine

Mit Bildern von Sandy Thißen

Verlag Friedrich Oetinger · Hamburg

Hallo du!

In diesem mathe-magischen Buch
darfst du lesen, malen,
rechnen und rätseln!

Die Ergebnisse kannst du
in diese Lücken schreiben:

Einige Lücken sehen auch so aus:

Sammle diese Zahlen und löse damit
das Rechen-Rätsel ganz am Schluss.

Auf jeder Seite kannst du ein Stück
vom mathe-magischen Lineal anmalen.
So weißt du immer,
wie weit du schon bist.

Wie fandest du die Aufgaben:
leicht, schwer oder mittel?
Male den Wildzweinen
in jedem Kapitel ein Gesicht.

Los geht's:

PLUS, MINUS, GROSSE PAUSE!

Inhalt

1. Die beste Idee   8

2. Ein Fall für die Wildzweine   18

3. Dinos im Regenwald   27

4. Hilfe für Kara und Feli!   39

5. Die schönste Turnhalle der Welt   45

Lösungen   56

Die Mathematierchen helfen
Kindern beim Rechnen.
Erwachsene können sie nicht sehen.
Die Mathematierchen wohnen
im mathe-magischen Nebel.
Hier sind sie unsichtbar.
Immer wenn ein Kind ihre Hilfe braucht,
tauchen sie auf.

Das Meerdreinchen

- liebt die Zahl 3 über alles
- braucht von allen Dingen
  drei Stück

Die Minusmuschel

- nimmt immer etwas weg

- ist oft schlecht gelaunt

Das Pluspferd

- hat viele Plus-Pünktchen
  auf der Haut
- macht gerne Witze

Die Wild**zwei**ne

- gibt es nur im Doppel-Pack
- sind ziemlich wild

2

Das Ka**neun**chen

- hat auf alles eine Antwort
- findet, die 9 ist die allerbeste Zahl

9

Die **Acht**igall

8

- fliegt am liebsten eine 8
- hat immer den Überblick

Kara ist schon fertig
mit den Hausaufgaben.
Heute bleibt sie länger in der Schule.

Sie ist aufgeregt:
Sie darf die große graue Wand
der Turnhalle bemalen!

Ihre Freunde haben Kara
dafür vorgeschlagen,
weil sie richtig toll malen kann.

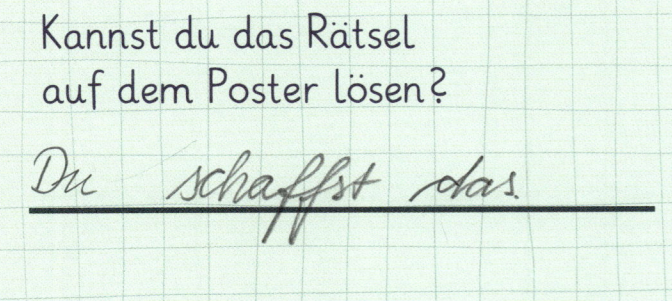

Kannst du das Rätsel
auf dem Poster lösen?

Du schaffst das

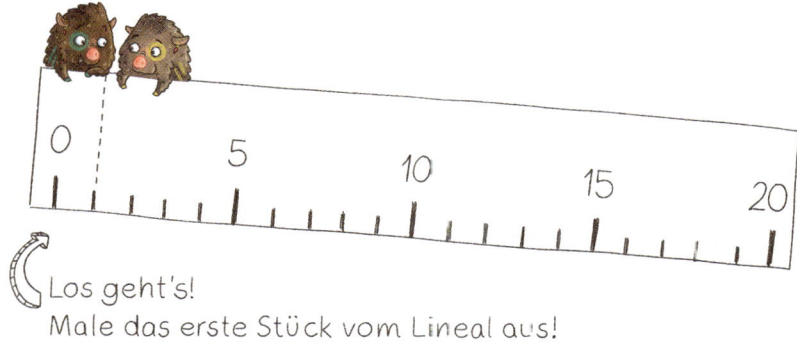

Los geht's!
Male das erste Stück vom Lineal aus!

Aber Kara fehlt noch eine gute Idee.
Um sie herum liegen schon 7
zerknüllte Zettel.

$2 + 8 = 10$

$20 - 5 = 15$

$3 + 4 = 7$

3 = Wildzweine
14 = cool   5 = Mathe
15 = schaffst   3 = doof
11 = ist   7 = das
6 = plus   10 = Du
9 = sind

„Warum fällt mir denn nichts ein?",
seufzt Kara.

Sie hebt 2 zerknüllte Zettel auf.

Jetzt liegen dort bloß noch 5 .

Kara streicht das Papier glatt.

Eigentlich mag sie die Idee vom Regenwald

Aber passen 7 Tiere auf die Wand?

Hilf Kara und zähle nach! Wie viele Tiere siehst du im Bild?

Vielleicht doch lieber ein Meeres-Bild?

3 Wale und 5 Delfine hat Kara schon.

Das sind Tiere.

Mit 2 Krabben und 1 Schildkröte

sind es 11 .

Aber ob diese Idee auch

den anderen gefallen wird?

11

Kara geht zur Turnhalle.
Sie will die graue Wand angucken.
Vielleicht fällt ihr dort etwas ein.

An der Turnhalle erschrickt sich Kara:
Die Wand ist ganz schön groß!

„Puh, die Wand ist bis zur Mitte bestimmt 2 Meter breit!", schätzt sie.

„Und das ist erst die Hälfte. Die Wand ist dann 4 Meter breit und 3 Meter hoch! Das schaffe ich doch nie allein."

Wie hoch ist die Wand?
Finde den Hinweis
im Bild.

$2 + 2 - 3 = 3$ Meter

LILLY
Xander
Marie
1m TOM
BLA

$2 + 2$
7

3

„Wir helfen dir!", rufen die Wildzweine.
Sie schnüffeln an Karas Zetteln.

„Könnt ihr denn malen?", fragt Kara.
„Klar!", antwortet das eine Wildzwein.

Die Wildzweine malen
ein Bild für Kara.
Erkennst du es?
Starte bei 20 und gehe
immer 2 Schritte zurück.

„Aber ihr seid echt klein", findet Kara.
„Und die Wand ist riesig."

„Wir sind genau richtig groß",
erklärt das zweite Wildzwein.

„Ich weiß nicht mal, was ich malen soll."
Kara klingt traurig.
„Alle meine Ideen sind doof."

„Gar nicht doof!", finden die Wildzweine.

„Danke für eure Hilfe.
Aber wir 3 schaffen das
vielleicht auch nicht",
sagt Kara.

Plus 2 —
wir sind mit dabei!

„Die Wildzweine, das Meerdreinchen,
du und ich. Wir sind jetzt 5 !",
ruft das Pluspferd.
„Zusammen schaffen wir das!"

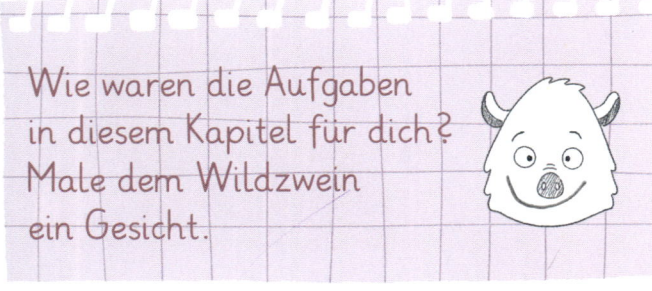

Wie waren die Aufgaben
in diesem Kapitel für dich?
Male dem Wildzwein
ein Gesicht.

Das ist eine von Karas Ideen:
Ein großes buntes Muster
soll die Turnhalle verschönern.
Malst du es für Kara aus?

8 = 🌼   11 = 🌸   13 = 🌼   16 = 🌼

Kara zeigt den Mathematierchen
ihre Zeichnungen.
Sie staunen über den Regenwald.
Das ist auch Karas Lieblings-Bild.

„Aber es sollten 3 lila Blumen sein",
erklärt das Meerdreinchen.
Es kritzelt ⎾2⏌ Blumen dazu.

„Und hier brauchen wir mehr blau!",
rufen die Wildzweine.

Kara freut sich.
Das ist eine prima Idee!

Findest du den
zweiten blauen Stift
für die Wildzweine?

„Die graue Wand
soll kunterbunt werden!"
Jetzt ist sich Kara sicher.
„Wie der Regenwald."

Die Mathematierchen
nicken zufrieden.

Was kommt in Karas Bild?
Zähle und verbinde,
was gleich viel ist.

„Aber vielleicht sind 2 Bilder besser?",
schlagen die Wildzweine vor.

„Oder 3 !", ruft das Meerdreinchen.

„Dann am besten 4 !",
meint das Pluspferd.

Kara findet, ein Bild reicht.

„Wir brauchen richtig viel Farbe",
sagt das Pluspferd.

„Dazu 3 plus 3 Pinsel, das sind 6 .
Und 9 minus 3 Farb-Rollen,
also noch mal 6 ",
meint das Meerdreinchen.

„Wie kommt das alles denn hierher?",
fragen die Wildzweine.

„Das müssen wir aus der Werkstatt
von Frau Mai holen", sagt Kara.

Die Mathematierchen sind nun ganz still.
Vielleicht sind sie doch zu klein?

Rechne nach: Wie viele
Eimer Farbe brauchen Kara
und die Mathematierchen?

„Kara, du brauchst mehr Hilfe",
sagt das Pluspferd.

„Ein Kind muss dir helfen!",
rufen die Wildzweine.
„Dann seid ihr zu zweit.
Das ist immer gut!"

„Ihr habt recht", sagt Kara.
„Wen können wir fragen?"

Das Meerdreinchen hat
Aufgaben auf Karas Zettel
gekritzelt. Kannst du sie lösen?

$2 + 2 = \boxed{4}$

$12 - 4 = \boxed{8}$

Die Mathematierchen überlegen.

„Feli hat immer so gute Ideen!",
fällt Kara ein.
„Stimmt!", sagen die Wildzweine.
„Los, wir fragen sie!"

5 + 3 = 8

Mini-Spiel für dich!

Das Pluspferd hat auch
eine Idee für das Bild.
Es überlegt, wie viele Formen es braucht.
Hilf ihm: Zeichne die Formen
mit verschiedenen Farben nach.
Danach kannst du sie besser zählen.

Wie waren die Aufgaben
in diesem Kapitel für dich?
Male dem Wildzwein
ein Gesicht.

3. Dinos im Regenwald

Feli ist in der Bücherei.
Kara geht leise zu ihr.

Die Mathematierchen toben
durch die Regale.
Zum Glück kann sie niemand hören.

Über wie viele Bücher
hopsen die Wildzweine
und das Meerdreinchen?

Feli liest ein Buch über Dinos.
Das sind ihre Lieblings-Tiere.
Vor ihr liegen noch 11
andere Bücher über Dinos.

Zuerst merkt Feli gar nicht,
dass jemand vor ihr steht.

Kara flüstert: „Hilfst du mir
bei dem Bild für die Turnhalle?"

„Ich? Wieso denn ich?"
Feli guckt erschrocken.

„Du hast immer super Ideen",
erklärt Kara.

Die Mathematierchen spielen Dinos.
Weißt du, wie die beiden
Dinos heißen?

Tipp: Lies ein paar Seiten weiter.
Dann findest du es heraus.

T- _ _ X

_ _ _ C _ R _ T _ _ S

Feli möchte Kara gerne helfen.

Kara zeigt Feli ihr Bild.
„Es sollen viele Blumen und Tiere
darauf sein", erklärt Kara.

Feli nickt und schlägt vor:
„Wenn wir hier 4 Blumen wegnehmen,
dann sind es nur noch 9 ."

„Und da kommen noch 2 blaue dazu.
Dann sind es 7 ", sagt sie.

Feli zeichnet ihre Idee ein.

Plus-tastisch! Du bist
schon bei der Hälfte!

„Das sieht viel besser aus!", findet Kara.

Die Mathematierchen sind froh.
Vor allem die Wildzweine:
Zu zweit klappt alles viel besser!

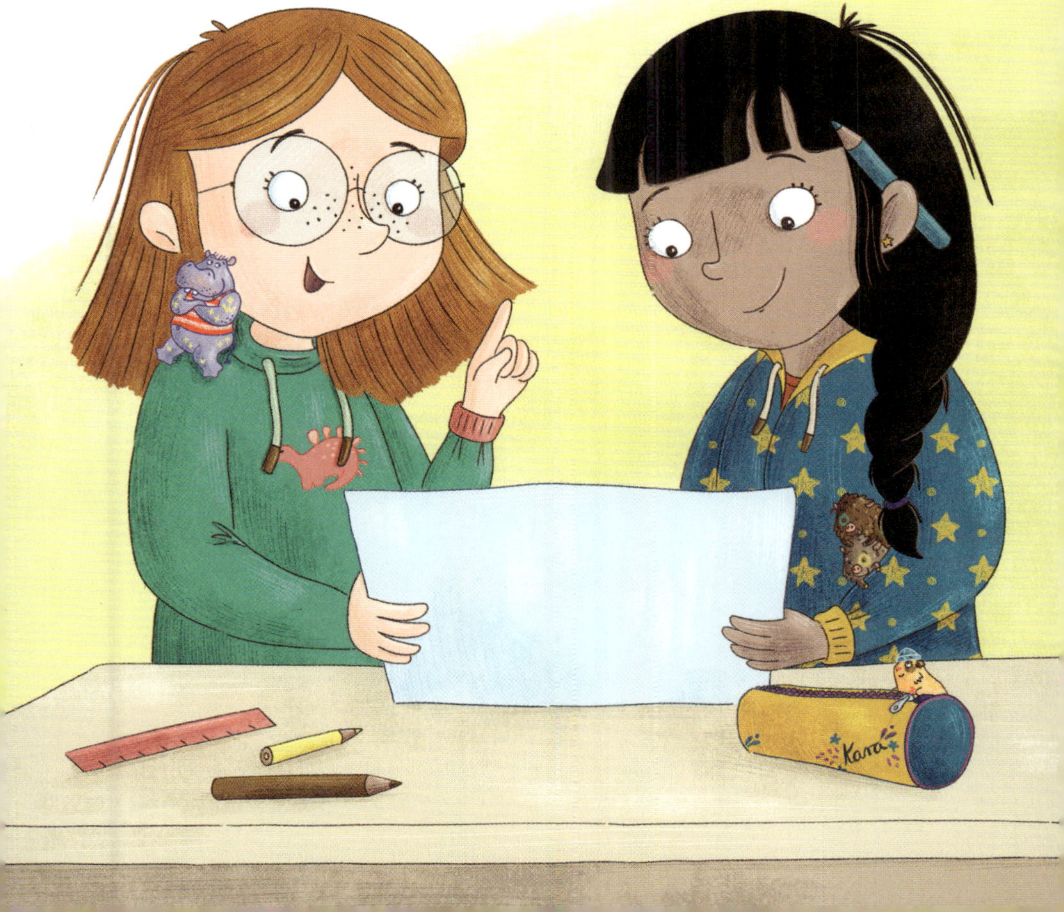

„Vielleicht können wir
auch Dinos malen", sagt Feli.

Kara schüttelt den Kopf und meint:
„Es soll doch ein **echter** Regenwald sein!"

Das findet Feli langweilig.

$17 - 5 = \boxed{12}$

$2 + \boxed{5} = 7$

Die Wildzweine haben
Zettel mit Rechen-
Aufgaben gefunden.
Rechne mit!

„Dinos leben aber auch
im Regenwald", erklärt Feli.

„Das ist doch schon ewig her",
meint Kara.
Sie findet ihr Bild gut so.

Trotzdem nimmt Kara ein neues Blatt.
Zur Probe zeichnet sie 2 Dinos.

„Aber Kara, das ist so nicht richtig",
bemerkt Feli.
„Der T-Rex muss noch kleiner sein."

„So sieht es aber besser aus",
antwortet Kara.
„Es muss nicht alles stimmen."

„Dann kann es ja auch Dinos
im Regenwald geben!", ruft Feli.

„Na gut, dann gibt es
Dinos bei uns", meint Kara.
Sie zeichnet die beiden Dinos
in den Regenwald.

T-Rex

Triceratops

Das Pluspferd hat heimlich etwas dazu gemalt. Findest du die 6 Unterschiede?

„Dinos sind bunt", erklärt Feli.
„Nicht nur grün. Auch braun,
etwas blau und orange."

Kara staunt.
Feli weiß wirklich alles über Dinos!

„Aber grüne Dinos sind schöner",
meint Kara.
„Ist aber falsch", sagt Feli.

„Ich möchte die Dinos grün lassen",
sagt Kara.

„Du wolltest doch meine Hilfe!", ruft Feli.
„Aber du willst ganz allein bestimmen."

Feli wischt sich über die Augen.
Dann rennt sie davon.

Die Wildzweine möchten Feli
mit einer Dino-Aufgabe aufmuntern.
Kannst du sie lösen?
Male die richtige Anzahl Kästchen aus.

$5 + 6 = 11$

$3 + 7 = 10$

Das Meerdreinchen hat von dem Streit
gar nichts mitbekommen.
Es zeichnet ein Sudoku auf Karas Zettel.
Male die richtigen Bilder
in die leeren Kästchen.

Mini-Spiel
für dich!

„Feli, warte!", ruft Kara.

Aber Feli will nicht warten.

Wütend läuft sie weiter.

„Dann eben nicht", brummt Kara.

„Das war wohl nichts",
sagt die Minusmuschel.

Mi–mi–miese Stimmung!

Feli will einfach nur weg.

Das war gerade richtig blöd!

Es regnet dicke Minus–Striche!
Zähl nach, wie viele es sind.

„Das kann Kara nicht allein machen!",
finden die Wildzweine.
Das Pluspferd nickt traurig.
Seine Plus-Punkte sind ganz blass.

Hilf dem Pluspferd!
Findest du alle
Plus-Punkte im Bild?

„Wir fragen Jasin und Lotte!",
ruft das Pluspferd.
„Dann sind es
mit Kara und Feli ☐ Kinder."

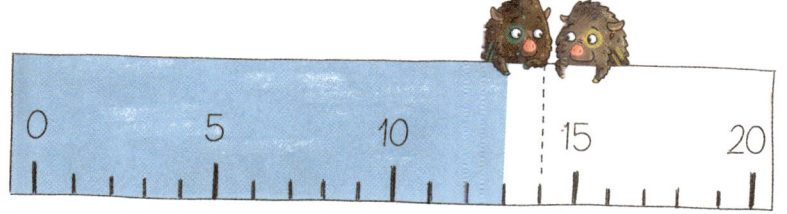

Das finden auch die Wildzweine gut.

Weil 2 plus ☐ nämlich 4 ergibt.

Das Meerdreinchen sagt nichts dazu.

Es ist abgelenkt und pflückt Blumen.

Wie viele Blumen hat
das Meerdreinchen gepflückt?

☐ weiße Blumen   =   ☐ Dreier-Bündel

☐ gelbe Blumen   =   ☐ Dreier-Bündel

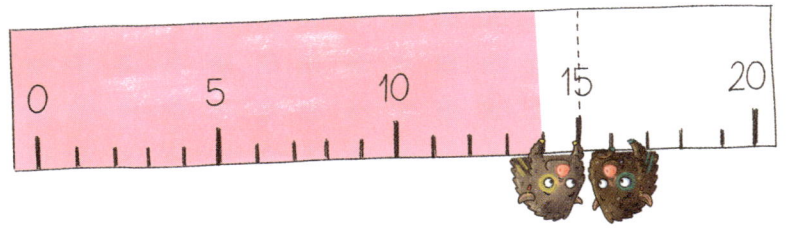

Lotte und Jasin machen Hausaufgaben.

„Gut, dass ihr da seid", seufzt Lotte.

Die Mathematierchen freuen sich.

Sie helfen furchtbar gern.

Lotte zeigt auf ihr Blatt.

„Könnt ihr uns dabei helfen?"

Schon sind Jasin und Lotte fertig
mit den Aufgaben.
„Jetzt brauchen wir **eure** Hilfe",
erklärt das Meerdreinchen.

Jasin und Lotte staunen:
Das ist noch nie vorgekommen!

**Die Minusmuschel hat
ein Zahlen-Rätsel für dich!
Lies alle Tipps ganz genau.
Welche Zahl meint die Minusmuschel?**

Mini-Spiel für dich!

Wenn man sie verdoppelt, besteht sie aus zwei Zahlen.

Die Zahl ist rund, hat aber auch Ecken.

Sie ist kleiner als 9 und größer als 3.

Wie waren die Aufgaben in diesem Kapitel für dich? Male dem Wildzwein ein Gesicht.

Die Lösung ist:

5

„Wo wollen wir denn hin?", fragt Jasin.

„In die Werkstatt von Frau Mai",
erklärt das Pluspferd.
„Wir müssen Kara helfen!"

Frau Mai gibt Jasin und Lotte
Eimer mit Farbe, Pinsel und Farb-Rollen.

„Schafft ihr das denn?", fragt sie.
„Na klar!", rufen Jasin und Lotte.

Jasin nimmt 2 Eimer,
Lotte die restlichen 3 .

Die Wildzweine suchen
nach Kara und Feli.
Dazu teilen sie sich auf.

Ganz hinten in der Bücherei
gibt es ein Lese-Zelt.
Da sitzt Feli und liest.

„Jasin und Lotte suchen dich",
erzählt das Wildzwein.
„Sie warten an der Turnhalle."

Feli will erst nicht.
Aber sie ist neugierig.

Dann macht sie ihr Buch zu
und legt es zu den $12 - 3 = 9$
anderen Büchern.

Kara ist draußen und schaukelt.
Neben ihr liegen die
Zettel mit ihren Ideen.
Kara hat sie zerrissen.

„Die brauchst du doch",
wundert sich das Wildzwein.

Das Wildzwein klebt die Blätter
mit mathe-magischem Kleber
zusammen. Hilfst du ihm?
Verbinde die richtigen Teile.

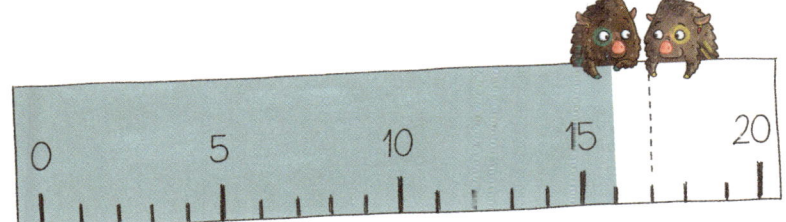

„Das ist doch sowieso alles blöd",
brummt Kara.

„Quatsch hoch zwei",
meint das Wildzwein.

Jetzt muss Kara lachen.
„Jasin und Lotte warten auf dich",
sagt das Wildzwein.

Da springt Kara von
der Schaukel.

Nur noch + 2 Seiten!
0
5
10
15
20

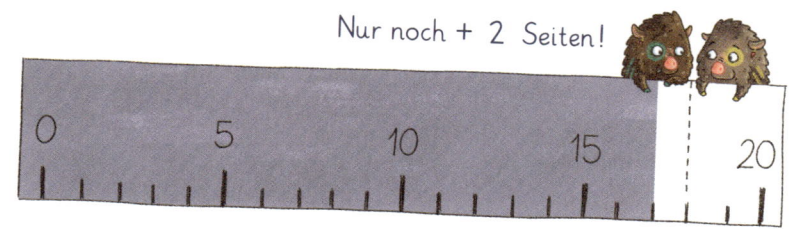

Jasin und Lotte rufen: „Ta-da!“
Sie haben alles vor der Wand aufgebaut.
Kara und Feli bleiben stehen und staunen.

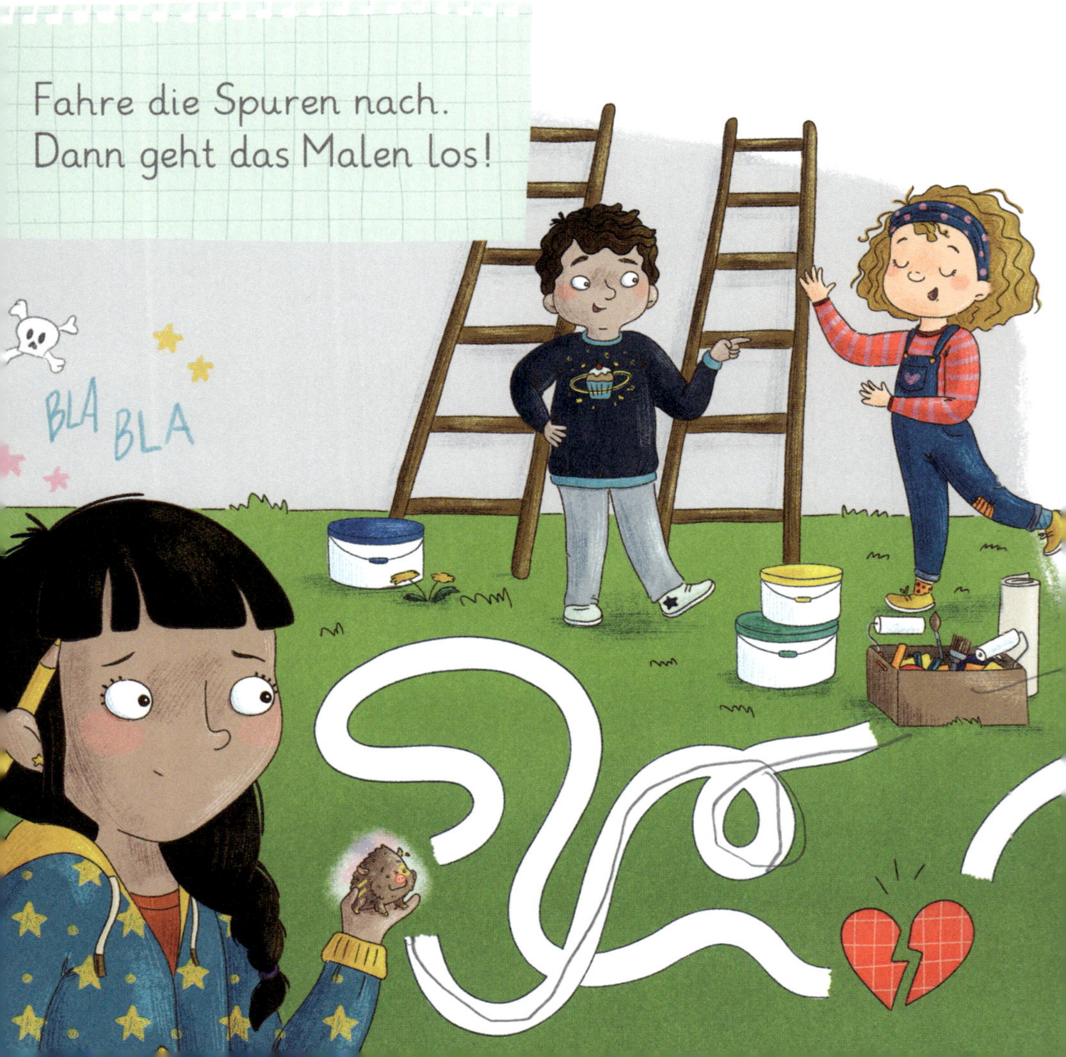

Fahre die Spuren nach.
Dann geht das Malen los!
BLA BLA

„Jetzt wird gemalt!",
rufen die Wildzweine.
„Wir helfen alle mit."

„Ich weiß nicht", sagt Kara leise.
„Vielleicht möchte Feli nie wieder
mit mir zusammen malen."

„Doch, möchte ich", antwortet Feli.
Kara ist erleichtert:
„Dann gibt es auch Dinos!"

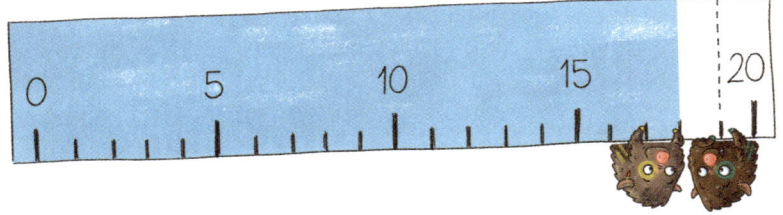

Kara, Feli und die Mathematierchen
legen los.
Stück für Stück wird die graue Wand
immer bunter!

Dann sind sie endlich fertig.
Stolz betrachten sie die bemalte Wand.

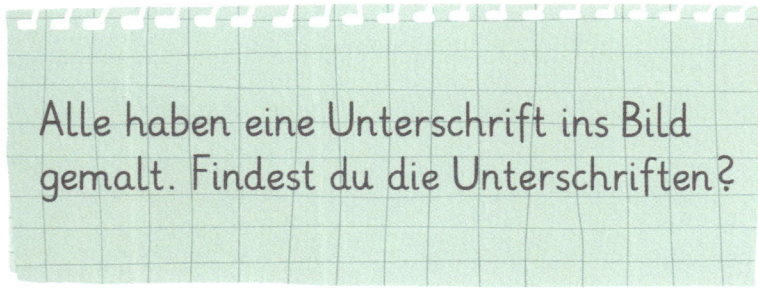

Alle haben eine Unterschrift ins Bild
gemalt. Findest du die Unterschriften?

Feli   Pluspferd   Wildzweine

   Kara   Minusmuschel   Meerdreinchen

„Das ist die schönste
Turnhalle der Welt", findet Feli.

„Ohne euch alle wäre das Bild
nie so cool geworden!", staunt Kara.
Sie zwinkert Feli zu.
„Zum Glück gibt es Dinos
im Regenwald!"

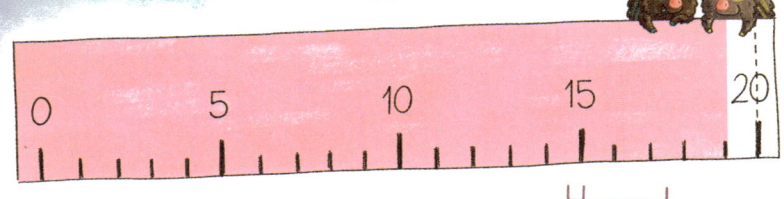

Hurra!
Du hast es geschafft!

Mathe-magisch gesammelt!

Auf vielen Seiten im Buch
hast du solche Zahlen gesammelt:

Umrande alle Felder
mit Sammel-Zahlen
in deiner Lieblings-Farbe.
Dann siehst du,
was die Wildzweine
dir sagen möchten.

Wie waren die Aufgaben
in diesem Kapitel für dich?
Male dem Wildzwein
ein Gesicht.

Manche Zahlen brauchst du doppelt!

B	D	O	P	P	E	L	T
2	6	11	13	5	9	19	14

I	J	H	A	C	O	D	K
0	17	16	3	2	1	2	20

S	G	U	T	V	E	Z	F
16	7	18	8	15	20	3	16

G	E	M	A	C	H	T	A
5	4	9	12	6	4	10	0

Doppelt

gut

gemacht

Lösungen

Alle Aufgaben gelöst?
Hier findest du die richtigen Antworten.

Kapitel 1

Seite 9:
7 zerknüllte Zettel
2 + 8 = 10 | 20 − 5 = 15 | 3 + 4 = 7
➥ Du schaffst das

Seite 11:
3 Wale + 5 Delfine = 8 Tiere
3 Wale + 5 Delfine + 2 Krabben
+ 1 Schildkröte = 11 Tiere

Seiten 12 bis 13:
Die Wand ist 4 Meter breit
und 3 Meter hoch.

+5	
7	12
4	9
12	17
8	13

Seite 16:
Sie sind jetzt 5 (Kara + 2 Wildzweine
+ Meerdreinchen + Pluspferd).

Seite 10:
5 Zettel (7 − 2 = 5)
Es sind 7 Tiere im Bild
zu sehen.

Seite 14:

Seite 17:

Kapitel 2

Seiten 18 bis 19:
Das Meerdreinchen kritzelt 2 Blumen dazu.

Seiten 20 bis 21:
2 + 1 = 3 Bilder (Meerdreincher.)
2 + 1 + 1 = 4 Bilder (Pluspferd)

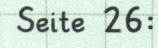

Seiten 22 bis 23:
3 + 3 = 6 Pinsel
9 – 3 = 6 Farb-Rollen
5 + 4 + 1 – 2 – 3 = 5 Eimer Farbe

Seite 26:

Seiten 24 bis 25:
12 – 4 = 8 | 2 + 2 = 4 | 5 + 3 = 8

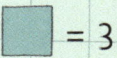 = 3   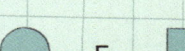 = 2

 = 5    = 4

Kapitel 3

Seite 27:
Die Wildzweine hopsen über 14 Bücher.
Das Meerdreinchen hopst über 15 Bücher.

Seite 35:

Seiten 28 bis 29:
Vor Feli liegen 11 Bücher über Dinos.
T-REX | TRICERATOPS

Seite 30:
13 – 4 = 9 Blumen | 5 + 2 = 7 Blumen

Seite 32:
17 – 5 = 12 | 2 + 5 = 7

Seite 37:

Seite 38:

Kapitel 4

Seite 39:
▬▬ = 19   ▬▬ = 13

Seite 43:

5	+	2				
=						
7	+	8	+	3	=	
						18
						−
						7

	+	8	=	3	−
	7				
	=				
	15				

Seite 40:
4 Kinder

Seite 41:
2 + 2 = 4
6 weiße Blumen = 2 Dreier-Bündel
9 gelbe Blumen = 3 Dreier-Bündel

Seite 44:
Die Minusmuschel beschreibt die Zahl 5.

Kapitel 5

Seite 45:
Lotte nimmt 3 Farb-Eimer.

Seiten 46 bis 47:
12 − 3 = 9 Bücher
5 + 3 ⬤ 8 + 2 = 10

Seite 48:

Seiten 50 bis 51:

Seiten 52 bis 53:

Seiten 54 bis 55:
DOPPELT GUT GEMACHT

Hier kommen die Mathematierchen!

WORT + ZAHL = GENIAL!

Jule Ambach
Die Mathematierchen.
Meerdreinchen gesucht
ISBN 978-3-7512-0302-9

Begleite das Meerdreinchen und seine Freund*innen auf ihren aufregenden Mathe-Abenteuern: Kannst du am Ende den großen Rechen-Code knacken? Ein innovatives Lernkonzept für alle Kinder ab 6 Jahren, die sich mit Rechnen und Lesen noch ein bisschen schwertun. Und natürlich auch für alle, die einfach nicht genug von kniffligen Aufgaben und witzigen Geschichten bekommen!

Oetinger

Weitere Informationen unter **www.oetinger.de**

Jasin

mag Zahlen und Mathe nicht so gern

backt sehr gerne Kuchen

trödelt oft auf dem Heimweg

Kara

malt sehr gerne und kann das richtig gut

spielt Handball und Tischtennis

ist ungeduldig

Lotte

trägt immer zwei verschiedene Socken

ist ein bisschen unordentlich

mag Abenteuer

Herr Zahlbers

der Mathe-Lehrer der Kinder

seit er an der Schule ist,
sind die Mathematierchen da